Caballo Mustang

Grace Hansen

Abdo Kids Jumbo es una subdivisión de Abdo Kids
abdobooks.com

abdobooks.com

Published by Abdo Kids, a division of ABDO, P.O. Box 398166, Minneapolis, Minnesota 55439.

Printed in the United States of America, North Mankato, Minnesota.

102019

012020

Spanish Translator: Maria Puchol

Photo Credits: Alamy, iStock, North Wind Picture Archives, Shutterstock

Production Contributors: Teddy Borth, Jennie Forsberg, Grace Hansen
Design Contributors: Dorothy Toth, Pakou Moua

Library of Congress Control Number: 2019944049

Publisher's Cataloging-in-Publication Data

Names: Hansen, Grace, author.

Title: Caballo Mustang/ by Grace Hansen

Other title: Mustang Horses. Spanish

Description: Minneapolis, Minnesota : Abdo Kids, 2020. | Series: Caballos

Identifiers: ISBN 9781098201043 (lib.bdg.) | ISBN 9781098202026 (ebook)

Subjects: LCSH: Mustang--Juvenile literature. | Wild horse--Juvenile literature. | Horses--Juvenile literature. | Farm animals--Juvenile literature. | Spanish language materials--Juvenile literature.

Classification: DDC 636.13--dc23

Contenido

Los caballos *Mustang*

Los *Mustang* son caballos que pastan libremente por el oeste americano. En Nevada vive la población más grande de ellos. Aunque también se los ve por California, Oregón, Utah, Montana y Wyoming.

Los **españoles** llevaron caballos por primera vez al **Nuevo Mundo** a partir del año 1500. Cuando los españoles terminaron de explorar dejaron muchos caballos en la zona.

Hoy en día, a los **descendientes** de esos caballos españoles se les llama *mustang*. *Mustang* viene de la palabra española “mesteño”. Palabra que se usa para nombrar a los caballos que son **salvajes** o que no tienen dueño.

Los *Mustangs* son de estatura mediana. Normalmente miden alrededor de 14.2 **manos** de alzada. Pesan entre 600 y 800 libras (de 272 a 363 kg).

2011

Estos caballos tienen la espalda corta y la cola cuelga por debajo de sus redondas **ancas**.

Las orejas son pequeñas. El **hocico** es estrecho y termina con **fosas nasales** en forma de óvalo.

Pueden ser de muchos colores.

La mayoría son de **capa alazana** o de **capa castaña**.

Sus densas y onduladas crines y colas suelen ser negras.

Personalidad

Adiestrar a los caballos *Mustang* requiere mucha paciencia. Son **salvajes** y les toma tiempo confiar en la gente.

Estos caballos son inteligentes y valientes. También son precavidos. Por eso han sobrevivido por cientos de años en libertad.

Más datos

- Pueden recorrer largas distancias. Sus cascos son más duros y resistentes que los de otras razas de caballos.
- Los *Mustang* pueden sobrevivir con poca comida. Si lo necesitan, pueden incluso pasar muchos días sin beber ni comer.
- La yegua más vieja es una de las líderes de la manada. Aleja al grupo de cualquier peligro y los guía para conseguir alimento y bebida.

Glosario

anca – parte lateral trasera del cuerpo de algunos animales.

capa alazana – en los caballos, ser de color café claro o rojizo.

capa castaña – en los caballos, tener el cuerpo de color café pero con patas, crin, cola y orejas negras.

descendiente – que proviene directamente de un antepasado.

español – nativo de España.

fosas nasales – dos orificios en la nariz.

hocico – parte de la cabeza de algunos animales donde se encuentran la nariz, la mandíbula y la boca.

mano – unidad de medida para la altura de los caballos; equivale a 4 pulgadas (10.16 cm).

Nuevo Mundo – nombre dado por los exploradores europeos a América del Norte y del Sur después de sus primeros viajes a la zona.

salvaje – que existe en estado natural, no domado.

Índice

¡Visita nuestra página **abdokids.com** para tener acceso a juegos, manualidades, videos y mucho más!

Usa este código Abdo Kids

HMK5656

¡o escanea este código QR!